# AL AIRE LIBRE

## SEGURIDAD

K. Carter
Español: Argentina Palacios

The Rourke Press, Inc.
Vero Beach, Florida 32964

CRÉDITOS FOTOGRÁFICOS
© Emil Punter/Photovision: página de portada, páginas 7, 12, 15;
© Kyle Carter: portada, páginas 4, 13, 17, 18, 21; cortesía de la
National Oceanic and Atmospheric Administration: página 8,
cortesía del National Severe Storms Laboratory: página 10

**Library of Congress Cataloging-in-Publication Data**

Carter, Kyle, 1949–
    [In the outdoors. Spanish]
    Al aire libre / Kyle Carter: versión en español de Argentina
Palacios
       p. cm. — (Seguridad)
    Incluye índice
    ISBN 1-57103-087-5
    1. Recreación al aire libre para niños—Medidas de seguridad—
Literatura juvenil. 2. Accidentes que tienen los niños—
Prevención—Literatura juvenil.
    [1. Recreación al aire libre—Medidas de seguridad. 2. Seguridad
3. Materiales en español.]
    I. Título II. Serie: Carter, Kyle, 1949– Seguridad. Español
GV191.625.C3718 1994
796.5'028'9—dc20                    94–19611
                                     CIP
**Printed in the USA**                      AC

# ÍNDICE DE CONTENIDO

# SEGURIDAD AL AIRE LIBRE

¡Hay que ser precavido al aire libre! Uno tiene que usar la cabeza para prevenir accidentes al aire libre antes de que ocurran.

Si no se tiene cuidado, aún los lugares más conocidos pueden ser los más peligrosos. Siendo precavido, puedes estar seguro en las calles y rieles del tren, en los parques y arbolados.

*Una caminata en el bosque es placentera pero más tarde hay que examinarse con todo cuidado para ver si hay garrapatas*

## PATIOS DE RECREO

Las actividades en los patios de recreo pueden ser divertidas y emocionantes, pero esos lugares son peligrosos si no se tiene cuidado.

Espera tu turno con el equipo de jugar. No les hagas caso a tus amigos si quieren que juegues con equipo que es muy difícil para ti. Trepa y mécete sólo donde te sientas cómodo.

Pon la mayor atención posible a los objetos movibles, como columpios, bates de béisbol, sube y baja, carruseles (tiovivos, caballitos).

Casi todos los patios de recreo tienen sus reglas. ¡Síguelas al pie de la letra!

*Cuando alguien se está columpiando, es prudente mantenerse a cierta distancia*

# TORNADOS

Cuando el cielo se oscurece quiere decir que una tormeta **severa,** o muy fuerte, se acerca. Esta clase de tormenta por lo general trae rayos, relámpagos y, a veces, **tornados.**

Un tornado es una nube giratoria como un remolino en forma de embudo. Si baja a tierra, sus fuertes vientos causan daños horrorosos.

Si alguna vez estás al aire libre y ves un tornado, corre a una zanja o un sótano para guarecerte.

*La nube en forma de embudo del tornado es una tormenta fuerte en remolino*

# TORMENTAS ELÉCTRICAS

El trueno hace mucho ruido pero es inofensivo. Sin embargo, el rayo es una descarga de electricidad y si cae en tierra puede matar.

La mejor manera de evitar que le caiga un rayo a uno es meterse rápidamente en un auto o una casa. Si uno no puede guarecerse en ninguna parte al aire libre, lo mejor es echarse al suelo, lo más lejos posible del agua y de los árboles grandes.

*Los bloqueadores de sol evitan
las quemaduras y, más adelante, serios problemas de la piel*

*Los lagartos o caimanes y otros animales silvestres
se deben observar a una distancia segura y respetable*

## DETENERSE, OBSERVAR Y ESCUCHAR

Las calles son, en primer lugar, para autos y camiones y sólo ofrecen seguridad para que las personas las crucen cuando los vehículos han pasado.

Antes de cruzar la calle, detente, observa y escucha. Si estás frente a la luz del semáforo, observa la señal de caminar —que en Estados Unidos puede ser la palabra "walk" o un dibujito de una persona andando— antes de empezar a cruzar. Uno nunca se debe bajar de la acera sino hasta que la calle esté libre, ni jugar en la calle.

Si una pelota o una mascota va a dar a la calle, no corras a la calle a buscarla.

*Antes de correr a la calle tras una pelota, hay que detenerse, escuchar y observar el tránsito*

# LOS TRENES

Los rieles del ferrocarril no son para jugar. Los trenes andan a mayor velocidad que los automóviles y uno de aquéllos puede llegar donde tú estás en menos tiempo del que imaginas.

Antes de cruzar los rieles del ferrocarril, detente, observa y escucha. Si un tren pasa, asegúrate de que no viene otro por el lado contrario.

También puedes ayudar a la seguridad de los pasajeros del tren no poniendo objetos de ninguna clase en el área de los rieles.

*Jamás jugar en el área de los rieles del ferrocarril*

# CAMPAMENTOS

Uno de los mayores peligros de un campamento es el de las fogatas u hogueras. El fuego debe estar contenido en un hoyo o en un cercado de piedras y no se debe dejar desatendido en ningún momento.

No corras ni juegues nunca al pie de una fogata u hoguera porque si tropiezas puedes caerte y las llamas te pueden quemar muy seriamente.

*Las fogatas de los campamentos a cierta distancia y siempre al cuidado de alguien*

## LAS PLANTAS

La mayoría de las plantas son inofensivas y algunas hasta son comestibles, pero hay unas plantas silvestres como el zumaque venenoso y el árbol de las pulgas (en inglés, "poison ivy" y "poison oak") que causan erupciones de la piel y picazón.

Ciertas clases de setas u hongos silvestres son comestibles pero otras son venenosas y enferman y hasta causan la muerte. Las setas u hongos son difíciles de diferenciar; por lo tanto, lo mejor es no tocar ni comer **ninguna** seta u hongo silvestre.

Es muy importante saber cuáles son las plantas peligrosas del área y evitarlas.

*Aprender a reconocer las plantas peligrosas del área, como el zumaque venenoso de esta foto*

## LOS ANIMALES

Todo animal puede ser peligroso en ciertas condiciones y por eso es mejor no acercarse nunca a un animal silvestre o desconocido.

Los animales silvestres que no muestran temor al ser humano pueden sufrir de **rabia** o **hidrofobia** y hay que tener cuidado con ellos. Ésta es una enfermedad que puede pasar del animal a la persona por medio de una mordedura. Los perros, mapaches, zorrillos (zorrinos, mofetas) y murciélagos son los que más comúnmente sufren de rabia o hidrofobia.

## GLOSARIO

**rabia** o **hidrofobia** — enfermedad muy seria, a veces mortal, que generalmente se adquiere por medio de mordeduras de animales que la sufren

**severo** — muy fuerte

**tornado** — fuerte viento giratorio como remolino que puede causar graves daños

# ÍNDICE